Diamanti
Aurei

Anna Frediani

Nelle Trame di un Canto

Collana Diamanti Aurei N° 1
Direzione editoriale a cura di Irene Salidu
Editing: Irene Salidu
Immagine di copertina: Leonardo Coppola
Illustrazioni delle studentesse e degli studenti della classe 4BL indirizzo di "Arti figurative", dello studente Lorenzo Iacomelli della classe 3AL indirizzo di "Grafica" e di Marco Marrai, ex studente della classe 5AAG (a.s. 2022/23) indirizzo di "Grafica" del Liceo Artistico "Stagio Stagi" di Pietrasanta.

ISBN: 979-12-81625-26-6

A chi ha intrecciato e intreccia i suoi battiti con i miei

A chi ha preso la mia mano e ha reso le trame di un canto
una tela caleidoscopica di versi, colori, anime

A chi mi apprezza e mi ama per la donna che sono
mare calmo in tempesta
mare aperto nel porto.

"Il privilegio di una vita
è diventare
chi sei veramente."

Carl Gustav Jung

Plutôt la mort

"Nelle Trame di un Canto": mai titolo fu più appropriato per una silloge poetica nella quale sono le parole a intonare e le illustrazioni a dipingere.
È un'anima che canta, su trame costruite dalla vita. L'autrice ne ha ricamato, modellato, colorato una melodia, intrecciando l'essenza al pentagramma della sua esistenza.
Le illustrazioni accompagnano il filo rosso dei suoi versi; sono la prova che i ragazzi e le ragazze sentono le anime.
I poeti camminano sulla luna, attraversano oceani, plasmano, affrescano, cantano le parole. Anna, con "Nelle Trame di un Canto" è riuscita a esprimere tutta la sua musica, lasciando che ragazzi e ragazze "leggessero" oltre il verbo, dentro le parole, per riportarle su tela.
Questo fa la poesia, questo ha fatto Anna con i suoi versi scolpiti su carta.

Irene Salidu

Introduzione

"Nelle Trame di un Canto" è rimasto a lungo solo un titolo, custodito tra le corde dell'anima. Attendeva il tocco giusto per uscire, l'invito di chi credesse nella sua melodia.

Un giorno di fine giugno 2023 quel "toc toc" ha risuonato fermo e chiaro. Irene Salidu mi stava chiedendo se volessi pubblicare con "Aurea Nox", nella Collana poetica "Diamanti aurei".

Cosa aspettare? Il titolo c'era, la proposta desiderata anche, il filo rosso tra le poesie pure, ma all'appello mancava l'intreccio che potesse rendere appieno l'essenza di chi quel canto aveva "catturato".

Amo scrivere poesia, una folgorazione avvenuta circa dieci anni fa e divenuta ben presto compagna inscindibile nel mio cammino. Allo stesso modo, un'altra passione è elemento integrante di ciò che sono e faccio: il mio mestiere. Essere parte del processo formativo di ragazze e ragazzi. Vedere dispiegarsi il ventaglio delle loro personali possibilità e accompagnarli verso ciò che saranno, durante una delle più ardue e fondamentali metamorfosi del proprio percorso. Per me, che sono docente di sostegno al Liceo Artistico "Stagio Stagi" dell'I.I.S. Don Lazzeri Stagi di Pietrasanta e credo nella potenza dei linguaggi quando si interconnettono tra loro, quale connubio migliore avrebbe potuto palesarsi se non quello tra la Poesia e la Pittura, tra il linguaggio figurato e il linguaggio figurativo, dove le immagini disegnano l'anima e la forma, il colore, la spinta creativa non conoscono distinzione tra chi ha competenza nel linguaggio verbale e chi tale competenza non l'ha o non la può avere, perché la comunicazione avviene attraverso molti canali e saper arrivare agli altri usando quello più affine alle proprie capacità è competenza.

Così, ho chiesto a Irene di aspettare l'inizio della scuola, sapevo che mi avrebbe capita, lei è insegnante come me.

A settembre, grazie alla collaborazione e alla conduzione del lavoro da parte della collega del Laboratorio di Pittura, la professoressa Catia Chicchi, con la partecipazione della classe 4BL dell'indirizzo di "Arti figurative", il prezioso contributo di una collega di sostegno che ha progettato un percorso interdisciplinare per uno studente dell'indirizzo di "Grafica" e ha coinvolto un ex studente, sempre dell'indirizzo di "Grafica", la magia ha avuto inizio. È nato un progetto dal titolo "Poesia e Pittura: Arti sorelle" per la realizzazione della copertina e delle illustrazioni di alcune poesie del mio libro. Studentesse e studenti, dopo una prima spiegazione di cosa significhi per me questa raccolta, hanno avuto completa libertà nell'ideare il soggetto per la copertina e scegliere la poesia o le poesie da interpretare, decidendo stile e tecnica. Da me, una sola raccomandazione: "Fermatevi alla prima poesia, ai primi versi, alle prime parole, alle prime immagini che vi risuonano dentro e, sull'onda di un'emozione, create". Spesso dalle loro matite sono usciti contenuti e significati che la mia penna non aveva né previsto, né contemplato, in una pura estensione di ciò che l'Arte sa comunicare. Si è dipanato un vero e proprio intreccio tra linguaggio poetico e linguaggio pittorico che ha dato vita a un'intima interconnessione di anime. In più di un'occasione, io, le colleghe, le ragazze e i ragazzi ci siamo ritrovati vicini nel profondo, in uno scambio di vibrazioni che non esigevano ulteriori parole, chiedevano solo di essere sentite. Così è stato quando una studentessa ha dipinto "lo scroscio perpetuo dell'acqua" e ha scritto: "La cascata è in costante movimento come il fluire inesorabile della vita. Le trame dell'acqua si intrecciano come le parole e i versi, creando una connessione tra l'arte visiva e l'arte poetica" (Asia Palagi).

Questa è la potenza strepitosa dell'unione delle Arti.

La testimonianza di cosa e quanto possa il linguaggio universale dell'anima.

L'aula del Laboratorio di Pittura l'ha sentito bene, con una partecipazione che mi ha resa grata, a tutte, a tutti, alle colleghe professoresse Catia Chicchi, Cristiana Galeno, Sara Bresciani, alla tirocinante della "Accademia di Belle Arti" di Carrara Giulia Ramacciotti, alle ragazze e ai ragazzi che hanno progettato e realizzato le opere pittoriche, allo studente Mattia Rocchi e alla studentessa Popich Pescaglini, della classe 3DAA dell'indirizzo di "Architettura", che hanno contribuito fotografando la reale bellezza di ogni illustrazione.

Grazie per quest'opera corale, ricca di versi, colori, anime.

Letizia Silicani

Seduzioni incoerenti

Siamo trame di un canto
sparse
mosse dal vento
che disperde
e sospinge
tesse le nostre tele

Nel fluire di sguardi
nel vibrare di corpi
nel pulsare di labbra
tra le mani sapienti

Che modellano forme
che soffondono versi
mentre inseguono
fatue
seduzioni incoerenti.

Libera

Libera
l'ho scritto sotto la pelle
tanto che l'inchiostro è fluito nel sangue
e Libera
tramuta il battito dentro lo sguardo
a farsi orgoglio

Ma Libera
ha in sé l'azzardo
di certe strade
certi rientri
di certi incontri
e certi amori

Eppure Libera
resta il mio nome
a dare voce alla mia pelle
o a un'altra donna.

Sconnessioni

Non serve lo specchio
neanche il riflesso
la luce sugli occhi tagliati dal sale

Non basta un appiglio
lo spruzzo gagliardo dell'acqua al risveglio

Nemmeno la mano
a sciogliere il verso
costretto in un tempo di lucciole cieche

Non conta più il senso
il canto del vento che in me non trapassa
se dentro la cassa di questo mio petto
è tutto incartato

Stremato
Sconnesso.

Emma Graziani

Di quali squarci

Nella curva dei passi
i miei piedi inarcati
su una corda di fiato
in grovigli d'azzurro

Era veste leggera
rosso drappo di seta
dolce acqua salata
bacio fresco di sera

Ma la fune è sospesa
il fondale profondo
dietro l'ultimo sguardo
avrò mani di petto
o marosi in assalto?

E già aspetto
di tuffare la vita
in chissà quale squarcio.

Danzando il mondo

Il tempo di un caffè
ancora un altro
un giro a balze svelte
tra note e stelle

Il tempo di una piazza
a luna piena
su bocche consonanti
in caldo miele

Il tempo che ha racchiuso
in sé farfalla
di polvere le ali
e margherite

Il tempo del tuo bacio
sulle mie labbra
la mano nella mano
stringendo vita

E torna il tempo
e torno
danzando il mondo
in questo eterno spazio

Convesso il tuo sorriso
negli occhi che ho di un figlio
concavo abbraccio.

È tutto uno sperare disperando

E il tempo si ostina
e l'onda rifulge
e tutto promette
l'incanto e l'eterno

E l'attimo fugge
e l'onda s'infrange
e il niente riavvolge
la pena e la fine

E ancora una donna
sul grembo del mondo
ancora rimane
e spera l'immane
e sperando dispera
un quaggiù che in un sogno
aveva creduto
e forse l'aveva.

Giacomo Salvetti

Due anime in un corpo solo

Ti porto dentro di me
nel cammino della mia vita

Tu per sempre con me
due anime in un corpo solo

Donna senza di Te
un ventre che non è stato casa

Di me resti Tu
la mia parte mancata.

Giulio Del Carlo

Scrosci

Ti ho amato

Ti ho amato scherzando
oltremodo ridendo
tra le ciglia cantando
sotto l'acqua
nel getto
delle danze segrete
rituali su corpi
profumati di noi

Ma se adesso non torni
perché ancora trabocchi?

Perché scrosci
e mi annacqui
in bruciori di guance
sotto gocce scavate?

Chi ti ha dato il permesso
di sgorgarmi dagli occhi?

E negli occhi
davanti
increspati da brezze
due laghetti d'oltralpe
che resistono al sole
in un falso rientro

Mentre tu
da altri viaggi
stai tornando
con lei

Ma ti ho amato
ti ho amato vibrando

E anche in questo momento
in cui tremo
e non parlo
ti sto amando

Nel pianto.

Asia Palagi

Umido rido

Adesso sì
il mio muschio ha bisogno di acqua
non placida
non calma
urge lo schianto
l'urlo smeraldo che dentro trema
e l'aria muove e il viso bagna
e sulla pelle umida rido
nell'onda fresca lungo la schiena

E quando arriva
è come amante a dare agio
a questo amaro
col suo respiro.

Ho scordato il tuo nome

Dell'amore non ricordo più il nome
né concedo alle ciglia quella lacrima
d'oro
che sul cuore si bagna

Solo anelli di fumo dalle dita consunte
e miraggi lontani
sulla curva appannata abitata dai sogni
dove il rosa si perde in racconti
di stelle
che non sanno tornare

E la fiaba richiusa tra le ossa
non serve
a sorprendere il nome
che non so ricordare.

Il seme

Ho visto tramutare i colori in una donna
farsi primavera nel ventre dell'autunno
scostare via le foglie seccate senza gemme
e dentro agli occhi
seminare viole

L'ho vista con fermezza raccogliersi i capelli
camminare sola
lasciando vuoti pieni di assenze
prive di mani
e sopra un campo
svegliarsi pioggia di sole e neve

Ché la bellezza non ha stagione
quando una donna riscatta il seme
del suo domani.

Bianca Mariasole Simonetti

Resti

*Cosa resta di un volto
mentre finge l'azzurro senza avere
del cielo
più né occhi né mani
e domani
come oggi
tenderà un altro passo sopra i fili
di ieri
che incorniciano il corpo*

O lo ingabbiano?

*Come oggi
dentro ieri
a sfiorire domani.*

Spietata

Sui rami di porpora ho spogliato la luna
cristallina creatura tra crateri di luce
mi ha baciata dal nido

E avevo nei passi
piedi nudi in fermento
affondati al tepore
di una sabbia d'argento
che fa nascere
Amore

E avevo negli occhi
sfere dolci di stelle
dove in candide gocce
la corolla del cielo
mi ha prestato le labbra

E ancora lo sento
quel suo boccio diffuso
a donare sostanza
dall'oblio di un abisso
che ho nel petto sopito
in spietata mancanza.

Una donna

Conosco la donna dietro le rughe
lo sguardo incartato
che allunga le ombre
in sorsi di sera

Conosco il suo volto oltre lo specchio
di quali colori
avvolge le onde
che avanzano dentro

Conosco la piega a zittire le labbra
il collo inclinato quasi in preghiera
quando sorride dentro una tazza
e spegne la luce
sul solito giorno

Conosco quel nodo sotto a uno scoppio
le risa scroscianti a invadere stanze
conosco i suoi piedi dentro le calze
che restano freddi
senza due piedi
a calmare le ore
della prossima notte.

Terra buona

Avevo vasi foggiati da errori
vuoti riempiti nei rimpianti
arresi a muri dall'anima impietosa
che del mio seme
non aveva cura

Ma li ho svuotati
e ho messo buona terra
bulbi di tulipani e rose germoglianti
dove coltivare
bianca luminescenza

Nel sapore calmo
della più fiera
consapevolezza.

Utopia

Un mare acido confina la pelle
d'isole gli occhi corrodono ciglia
dove due mani
due sole mani
hanno viaggiato

Sono gorgheggi
riverberi antichi di spiagge dorate
diamantine le labbra
tra baci sinuosi zampillano sale

E ognuno trattiene
un sorso di sole serrato nel petto
e a volte sorride
rievocando un approdo
o forse un miraggio
a illudergli il volto.

Mario Bianchi

Sui gradini del tempo
dolce appare l'aurora
una bimba che ride nella veste leggera

Ma la notte ha una piega
e si strappa
velata
dalla carta del cielo

Una lacrima muove

Non è pioggia che bagna
non è raggio che scalda

Dentro il lago degli occhi
trasudato di nodi.

Vitalianoangelo Capezzuto

Altrove

Da questo filo spinato
ho intravisto il mio cielo
un azzurro in promessa
tra gli intrecci di nero

E nella rete intricata
vecchia assurda prigione
ho intagliato due ali

Volo verso il mio altrove.

Tra i miei capelli

Capelli mogano lungo la strada
aspetta e il tempo saprà contarli
coprono in massa scapole e ali
mentre negli occhi viva la luce sfida domani

Domani è oggi
il tempo conta
sotto i capelli di miele e seta
libere spalle
ali alla schiena
per una donna con il
riscatto dentro le mani

Ma poi domani
domani è ieri
e tra i capelli fili di neve
muovono lievi

C'era una bimba
c'era una donna
conta domani ché il tempo
sfila un'altra ciocca.

Unicamente

E se del mare fosse il cielo un'altra riva
se dentro l'aria frantumata in mille gocce
ci fosse un canto
un canto solo

Io giacerei come granello sulla sabbia
e tu di me saresti l'onda
il vento calmo
nube poi neve

A far di noi
di questo immenso
vera estensione.

Sara Belluomini

Chiedilo a un adolescente

L'Amore cos'è?
Chiedilo a un adolescente
Per lui
che non ha ancora scordato
è come una droga
la sua dolce droga
di battiti e sensi

E io
che ora svuoto le tasche
e non trovo neanche
un mozzicone fumato
in piedi, nel buio
dietro un muretto
senza la luna

Io
che rimesto cercando
dentro questa mia borsa
per scoprire se ho ancora
un granello dissolto
in scorribande di petto

Io
seduta, di lato
con la luna a vibrare
sotto un manto stellato
io mi guardo e mi chiedo
Da quant'è che d'amore
più non mi faccio?
Da quant'è?

Forse un anno
un secondo
un quarto di cielo
un secolo andato
oppure un abisso
che non riesco a colmare

Datemi ancora
un mozzicone fumato
un accendino sciupato
una bocca un po' usata
ché tra queste mie dita
voglio accendere Amore.

Via tutto

Spazza via tutto vento
da questa mia faccia

Lava via tutto pioggia
da queste mie braccia

Trascina via tutto onda
travolgi il mio corpo
nel tuo rotolare svelto
di schiuma e di sabbia

Trasportami al largo
puliscimi dentro
nell'urlo sofferto
di un forte libeccio
c'è il sale che asciuga
ogni vecchia ferita

E da naufraga salva
saprò amare la riva.

Un altro aprile

Arriva fin quassù
il lento sferragliare che ha l'aprile

Arriva dentro al rosso
caduto al suolo
come l'inizio quando
tocca la fine

E fischia risuonando il cinguettio
di un'aria inerme
che inventa il volo
e poi lo muta
e lo promette

Riuscisse un solo fremito di ali
a dare ancora soffio a questa fine
forse potrei da qui tornare
al rosso boccio
di un altro aprile.

Aurora Sevieri

Amandomi

Sciolta
da stretti stracci e lacci
a strattonarmi in gola

Piena
avvolta in una valva
di me perla di fiume

Vedrò mai più lavanda
Berrò sorsi di miele
Avrò mani di pace?

Ignara
adesso amo la sola donna
che mi è compagna

Mai così spietata

Datele
il nudo
il vero
il bello
e lei che in me si ama
amando ancora
riamerà.

Cristian Virde

Al vento

Promette pioggia
brivido d'acqua
cosparge l'aria
ombra di nube
in un sospeso fremito al vento
come il mio tempo
che si rincorre si placa e torna
a riportare sopra le gote
carezze spente

Lunare scendo
a sera calo questa mia vela
che prima salpa
scuote le onde
poi nella calma
rientra al porto ebbra di luce

Ora lo scafo canta leggero
il mare bacia dolce ogni goccia
ora il respiro culla il mio letto
e lì distesa
sento il rintocco
di un soffio nuovo

Mentre da dentro
rimbomba ancora
inquieto il tempo.

Legando

A*desso prendi un filo*
e unisci
queste mie perline

Le troverai disperse
ma dentro così vere
intere sfere sparse
in madreperla lattea
policromie cangianti
cristalli grezzi in vetro
su lino damascato
tra mani incuriosite
che giocano un frangente

Ero una collana
e adornavo un cuore
estivo braccialetto
di schizzi in piena luce
poi sotto falci argentee
lunare cavigliera
nell'intonare un canto
sperando di allacciarmi
in caldo girocollo

Di tutti quei miei intrecci
non è rimasto altro
che un variegato sogno
di ninnoli sonanti
a colorare stanchi
scatole di stoffa
su bancarelle pazze

Ma adesso che mi guardi
sciogli rossa seta
entra nella cruna
tra l'indice e il pollice
scivola nell'ago
in lento movimento
al ritmo in do di petto
ti prego vai più piano
di quanto faccia il mondo
e troverai un passaggio
al centro di ogni perla

Tu sfioralo
legando.

Ti va di portarmi
dove sono i girasoli?
Dove ondeggiano colli e cipressi
Dove il cielo dipinge la pelle

Hai presente una notte stellata
dentro vortici che sanno di note?

Poi al ritorno ti va di fermarti?
Per la sera
il risveglio
la vita

Ho credenze da svuotare ridendo
un vasetto di crema e canditi
l'ho riposto sul piano più alto
e da sola non riesco ad aprirlo

Sai potremmo spalmare di sogni
quattro fette di pane tostato

E se vuoi
profumare di salvia
quel mio bacio
che più non ti ho dato.

Aurora Sevieri

Volere

Vorrei danzare sotto la pioggia con te
stasera

Inumidire molle la bocca
e poi scrosciare fluendo dolce l'anima nuda

Vorrei sdraiarmi su un'altra luna con te
stanotte

Nell'artificio che inonda gli occhi
sentire un fiore aprirsi piano tra campi mossi

Vorrei io voglio un'aria fresca
di risa e baci
e le carezze nel dondolare calmo d'estate
e mille fuochi di luci accese sulle pareti
a consacrare il tuo pulsare dentro le vene

Quando due corpi
fremono veri
purpurei
pieni
oltre l'eccesso delle parole

Vorrei io voglio in questa notte
di noi
l'Amore.

Ciò che non ti aspetti

Non amarmi quando sorrido
non esaltare in me meraviglia
quando l'incanto della mia voce
lieve carezza onde di donna

Amami piuttosto quando mi incarto
e sono spina sopra ad un gambo
che non somiglia dolce alla rosa
che tanto ami

Amami di più quando il sale graffia
e nuda senza corolla acre di pianto
mi raggrinzisco e poi traballo
Tra le parole un fiore spento
pieno di essenza che non si vede

Amami soprattutto quando sono ciò
che non ti aspetti
e il freddo si fa opaco nelle arterie
e un po' spaventa

Ma è lì l'Amore
si sdraia dove l'altro trema
come falena che dentro al buio
vola cercando
sempre la luce.

Tinta in bianco e nero

E il mondo scorre
con i suoi colori
mentre io qua dentro
tinta in bianco e nero
resto un punto fermo
in cerca del mio cielo.

Hajar Fahcy Moussi

Ancora una notte

C*adono muri*
spezzano funi
si sgretola il pianto
frantuma una nube
raggi distesi
trafiggono reti
su fili di amianto
dove ancora
in mancanza
appendo silenzi
tra polvere stanca

Ho ciglia ormai secche
smosse da lame
ferme di rabbia
e in loro trattengo
un altro momento
a scucirmi le labbra
come stanotte
trapunta di schegge
raccolgo i miei cocci
in cadenza di petto
ci soffio sospiri
e resto

Forse smarrita
forse ingiallita
cera inconclusa
donna insoluta
mi vedo
allacciata a un vento
che più non mi prende

E scrivo
trasparenze pregnanti
a sentire parole
in nodi di vita

E attendo
ancora una notte
ancora un risveglio.

Un papavero sulle labbra

L'Amore
è un papavero curioso
nelle dita ribelli
un selvatico drappo
tra i piedi in respiro
una macchia scarlatta
che accende le labbra
e appassisce l'inverno
dopo sonni infiniti

Ed è Amore nei campi
lungo i bordi asfaltati
tra ferrose rotaie
su corolle superbe
dove cantano gocce
e profumano ombre
traboccando leggere
in un inno di luce.

Come il mare

Ne sento il fragore
nell'onda che ride
schiamazzi di cielo trafugando l'azzurro

Ne godo il turgore
nel tempo che gioca
correndo leggero a incantare i miei occhi

E rubo
al cuore incurvato
quell'ultimo balzo
graffiato sul seno
dove sciolgo nel sale
spruzzi dolci di fiato
a bagnarmi la vita.

Marco Marrai

Incorporea

E l'aria freme lucciole e grilli
la notte porta con sé la luna
montagne crude gonfie di stelle
palpiti d'erba sotto la schiena

Che il mondo sordo esca di scena
non serve il giorno a dare luce

Siamo creature d'immenso Amore
e questo abisso
non fa paura.

Leonardo Coppola

La bellezza di una rosa

A volte mi sento come una rosa
quando arruffata è scossa dal vento
e un grigio sospiro ne invade la linfa

Lei così piena turgida aperta
non si darà per un finto momento
di composta bellezza

Tu non violarla

Accoglila mossa.

Mia madre

È un papavero rosso
il ricordo ceruleo
che ha negli occhi
mia madre

Un paesino arroccato
campi immensi di spighe
densi viaggi in silenzio
su un Caruso struggente
di notturni lontani

Tenue rosa di Alpi
pini in chiome infuocate
dolce bacio sul viso
e un vialetto di sassi
dove spazza la vita

Mani ossute
fatica
sguardi persi
incantati
verso l'oro dei monti
tra lumini e racconti
che le danzano dentro

Voce alta nel tono
lei rimasta in un'aula
coi suoi tanti ragazzi
intagliati nel cuore

Un biglietto
una biro
righe pregne d'amore
e mille altre parole
che non riesco più a dire

Io che in lei
sono goccia
imperlata
di sole.

Inventando l'azzurro

Ho un passo leggero
di sentiero frondoso
piedi scalzi nel verde
sopra tremule acque
un sospiro sul collo
al profumo di tiglio
e un iris dorato
che mi ride nel petto

Poco avanti
più indietro
nell'andare per mano
un pezzetto di puzzle
che ho perduto sul fondo
di un laghetto velato
dove a volte ritorno
come in altro risveglio
a riprendere fiato

Ma non c'è
non lo trovo
e allungo le ciglia
sopra i miei passi storpi
inventando un azzurro
che sapeva di vita.

Sui tetti di novembre

Novembre è un gatto acciambellato
un lume fioco su fondo grigio
di fiori panna senza pretese
veste sfilando cenere e pace

Novembre entra sotto la pelle
stringe le ciglia dai cieli bigi
poi cala presto sui tetti neri

Quasi in attesa da un filo opaco
dormono appesi
nubi e pensieri.

L'Amore resta

Dell'Amore resta una scheggia
o forse mille
disseminate dentro le vene
agglutinate ai tanti ieri
sul saliscendi calmo dell'oggi
profugo viaggio
sopra il diaframma dei miei respiri
a riesumare altri domani

Di tutto il tempo
di ciò che ho perso
lasciato fuori sotto la pioggia
nel turbinare notturno al vento
resta l'Amore
orlato in rosso
che sulle piaghe saprà vestire
ali d'argento
e poi gocciare soave quiete
a imperlarmi ancora il petto.

Issusa Manfredi

Canto eterno

E canta il giorno
parole nuove di un canto antico

La pietra cruda sostenta i piedi
àncora e viaggio
non resta affanno a trattenere
né l'incorporea fatua incostanza
di falsi amori

Questa la casa
la strada il varco
l'inizio che di due percorsi non ha una fine
tutto racchiuso nel verso calmo
dell'infinito

Canta novella
il suono pieno del giglio aperto
che più non teme
il canto eterno che dona il rosso
e scrosta il seme.

Marea

Carezzami sul viso un altro inverno
che mi sostanzi gli occhi
e mi conforti
da ogni mia inquietudine tiranna
quando la pelle si muta in flusso
e il sale è acre
sul letto secco
della mia schiena

Donami il tocco delle tue dita
un rivolo giocoso
sulle maree
di mille lune nuove.

Come una bimba che crede

Mi rivedo
nella piccola schiena incipriata di sole
a cercare telline dalle valve spaiate
e scommettere al cielo di incastrare i colori
ché dev'esserci un senso alle strade
agli incroci

E mi sento
sotto i piedi la sabbia inarcava i miei passi
e negli occhi battigie promettevano mare
con le mani già colme di salmastro e di sassi
a seccare le ciglia di una donna bambina

Che non sono
più non sono
come nega la smorfia saggia delle mie labbra
che sa quanto la donna stringa a sé
disincanto
e trattenga la bimba
che non vuole saperne

Quella bimba che crede
e credendo non smette.

Giacomo Salvetti

Acqua di fiume

E danza ancora
acqua di fiume
sopra il mio ventre
che non riposa

E muove lento
impeto acceso
nella carezza
che tutto vuole

E sale
scende
curva
si inclina
consacra luoghi
a una bocca
che dentro canta

Si ferma tutto
solo i capelli
soltanto gli occhi
solo le dita
discese lente
dal collo ai seni
su labbra schiuse
nell'onda mossa
che tutto prende

E ancora lascia
sulla mia pancia
respiro caldo
acqua di fiume.

Ginevra Franca Manganiello

L'impossibile

Hai avuto molto freddo
troppo vento sulla faccia
e le dita che hai richiuso
ora implorano una tregua

Hai avuto molto cielo
nubi basse all'orizzonte
in un credo urlato agli occhi
acqua tiepida di fonte

L'ombra ti ha scritto
il silenzio tagliato
dalle spalle scivolano
inferno e luce

Ma hai sognato
e hai creduto
e tra i rumori
dei tuoi impossibile
non ti sei arreso.

Per amarmi

Certi giorni
il modo più sicuro che conosco
di amare tra le ciglia fiacchi squarci
è stringermi leggera la stanchezza
coprire con le ciocche ciò che spiazza
calmare nelle spalle il nudo collo
e stendere copiosi
i piccoli caparbi azzurri sogni
curvando sulle labbra
i segni della vita
troppo impegnata in altri persi sguardi

Ma tra le guance
ho tutto ciò che ancora
al cuore serve.

L'onda perfetta

Parole del tempo bruciano squarci
curvando le labbra

Per chi si apriranno
nei letti sopiti
per dove per quanto
di quali sorrisi

E torna suadente la dolce condanna
di vivere a balzi
come luce che cade dagli occhi
quando il cielo rosseggia in promessa

E tra le creste notturne
sul finire del mare
cerca l'onda perfetta.

La cura

Voglio sentire lo scroscio dell'acqua
scuotersi dentro sotto le ossa
bagnare il dolore dell'ultima goccia
prillare giocando
il canto smeraldo che sale in profondo

Voglio specchiare oltre i sassi il mio corpo
lasciarlo librare sfiorando l'immenso
spogliare le spalle dal peso del resto
tornare alla roccia
senza ali né piedi
con questi miei occhi
cristalli di gocce che sanno curare
ciò che la bocca a volte sai
uccide.

Pura è la notte

La notte è un'anima pura
segue il ritmo del ventre senza maschere o pose
sotto palpebre scese ha il segreto del cuore
e negli occhi ingialliti
quando scrutano dentro
spalancati al dolore
sì la notte consuma
e ti insegna
l'Amore.

Asia Palagi

L'altra me

Cornici d'anima
ma l'anima non si ingabbia

Sotto la pelle a piedi nudi
lo specchio guarda
e lì sorprende dietro le spalle
un'altra me a somigliarmi

Ha curve dolci
fiorite guance
e lì cammina lasciando tracce
del girasole che un tempo avevo

Chissà se il giallo
cosparge ancora
questa mia bocca

Forse in un bacio
potrei scoprirlo

Forse da un bacio
vorrei sentirlo

Quel girasole che a volte sboccia
dall'altra me
sulla mia bocca.

Andreina Mariani

Bambina mia

Poi ci sei tu che mi riempi
Tu che non sai
di che colore
avresti avuto gli occhi
Ma ci sei tu
in un profumo di latte e miele
in uno scroscio di risa e mare
in quei castelli
crollati al sole
che ancora hanno le tue manine
per sempre qui
sopra il mio viso
a risvegliarmi quando mi perdo

Io che non so
se nello sguardo
avresti avuto questo mio taglio
e sulla pelle
una cascata di nei bruniti
a somigliarmi
Ma arrivi tu
chiara
pervasa
da altre voci
di altri bimbi
tu che sarai bambina sempre
dietro la porta a dirmi Mamma
fammi restare

E io ti tengo
sei nel mio petto
un patto stretto
solo tra noi
Bambina mia.

Le stanze dove ti attendo

Interni di una storia
dove pettino anni
arredati di bianco
intessuti di rosso
rivestiti di specchi

Nel riflesso increspato
tra lo stipite e il cuore
sto aspettando un abbraccio
sulle piccole stanze
del mio soffice corpo

E quel canto di miele
profumato di ciocche
che si cela agli sguardi
sarà cena imbandita
per un ospite solo

Lì attendo
scorrendo
come arterie di notte
dove pulsa il calore
delle dita che avranno
questo docile collo

E pareti saranno
colorate di cielo
musicate di petto
pelle in tocco di pelle
a riaccendere vita

Il mio corpo in attesa
come l'anima piena
dove accogliere
scalza
la sua anima
Nuda.

Niente è come sembra

C'è traffico di nuvole
nell'anima
e un vento di Ponente
tambura
sul fondo asciutto del mio bicchiere

Un'altra notte brucia
portando addosso polvere e miele

Niente è come sembra

A una a una
si svegliano le stelle
e io le chiamo
Hanno il tuo nome.

Giacomo Salvetti

Luce

Respiro piano
e sento il senso dell'infinito
che dentro sale

E ho caviglie
calde di zolle
le cosce fresche grondano foglie
le mani piene d'azzurro terse
e muschio al seno
turgido boccio che tutto prende

E lungo il corpo
sulle mie acque
l'umido battito di questa terra
intrisa al cielo

Un raggio bagna
sotto la notte che mi riempie

E sono luce
tremante in grembo
che ancora vuole
e non si spegne.

Bianca Mariasole Simonetti

A quattro mandate

Spiragli volubili
squarciano vita
addensata tra i tetti

Dipinta di tregue
non lascia che istanti
sporcati sui vetri
da impronte agghiaccianti
bocche sospese
schiene indecenti
dentro uno specchio
senza più sogni

Eppure li avevo
li ricordo stillare nei giorni di nero
sopra i miei fogli

Ma ormai chi li legge?

A tre
forse a quattro mandate
richiusi dal tempo

E la chiave
a ingiallire con loro
in un vecchio cassetto.

E il mondo fa pluf
e naufraga l'alba
che ondeggia alle sponde
di questo mio cuore

E sento le stelle danzare dissolte
il ritmo che porto

E ho il petto di luna
i piedi di mare
la pelle cobalto trattiene l'istante
che invento
scrivendo
quando ascolto il mio tempo
che a notte sprofonda
sulle ali di un canto

E il mondo fa pluf.

Al sicuro

Il dolore è un posto dolce
tra la ruggine del cuore

Una strofa senza verso
un ormeggio che non lascia
il suo canto più sicuro
dentro al porto

E ricama
come il grembo di una madre
vicinanze senza tocco.

Anna Agolini

Acquitrini

Ho un pianto
che non è neve
e non è sangue
è graffio scarno che pianta bulbi
giù
nella gola
dove s'inghiotte il muto grido
che non fiorisce

Ho un pianto secco
e le mie corde non sanno udire
rauche di sale

E sento solo la zolla brulla
che non si bagna
e resta stagna
senza fiorire

Privo di acqua
non cresce fiore
sulle mie rive.

Oltre ogni niente

Dolce si culla l'eterno
nella tua veste bianca

Anse danzanti gli occhi
labbra incurvate al sole
ruote leggere i fianchi
e tu che ridi
tenendo il mondo dentro una mano

Bimba sognante
giocati tutto
ché tutto è niente
ma se lo afferri
se non ti volti
se guardi alto e credi forte
hai vinto tutto
oltre ogni niente.

Senza contare

Ho bisogno di scrivermi le vene
oggi
Ho questo dannatissimo bisogno
di non contare i passi
disarcionare i piedi
crollare e poi rialzarmi
senza misure e pesi
da ponderare

Ho questo sacrosanto mio bisogno
di non toccare terra
oggi
e di fluire purpurea a fiotti
come il mio sangue
che ignora e scorre
e non lo sa
quanta bellezza che non si dice
si fa guardare

Ho bisogno di non pensare
oggi
seguire il guizzo in controvento
da non spiegare
ché nelle tasche
ho troppi ieri a far di conto
e pochi istanti da raccontare.

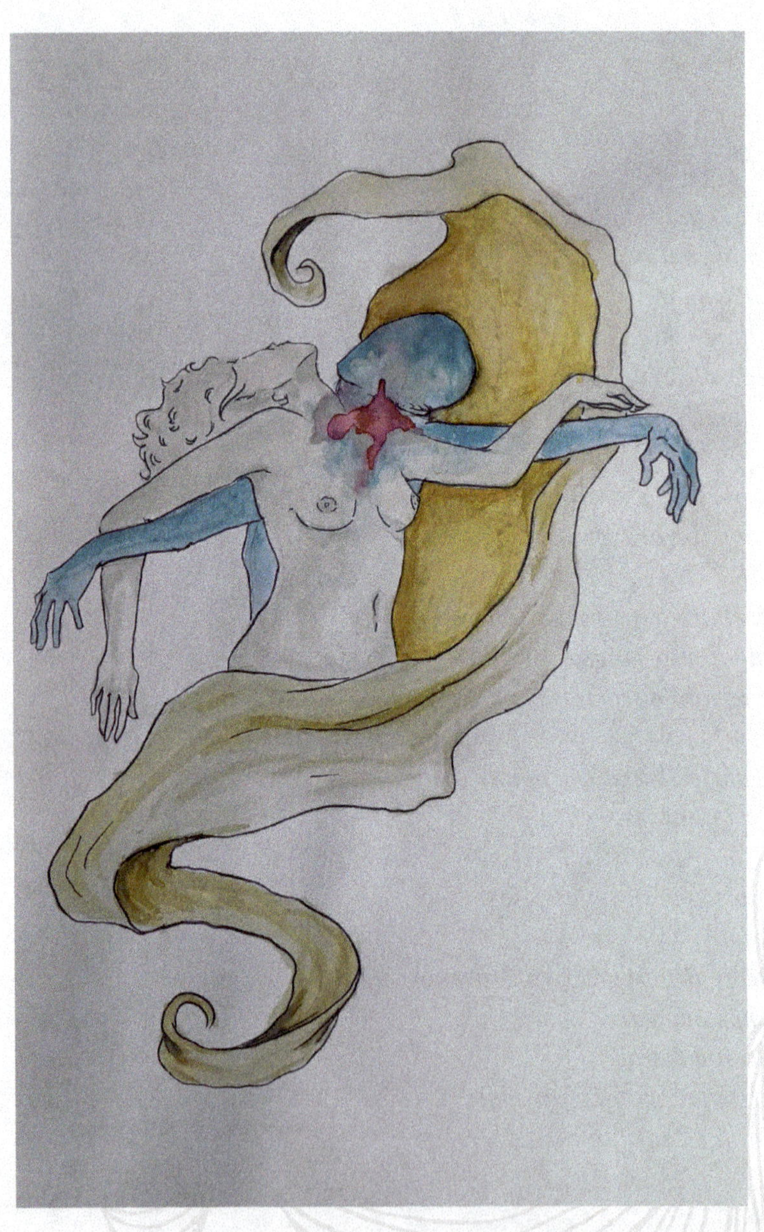

Grace Margaret Flint

L'Amore pretende

È forte nel vento
si stempera in pianto
sospira ridendo divora cantando
le mani le dita le labbra sul petto
l'azzurro di luglio
il bianco d'inverno

È paprika dolce
di gusto si accende
colline sui fianchi un fiume si stende
conturba due corpi ne incide la mente
non sente rimedio
l'Amore pretende.

Scoppi di risate

Scoppiano le mie risate
scoppiano inaspettate
inopportune
non trattenute
in mezzo a gente troppo seria

Risuonano le mie risate
rimbombano nell'aria vuota
piena di gente troppo assorta
mentre nel cuore
la gioia sgorga

Continua a ridere la mia bocca
e non si cura degli altri sguardi
è una sciocchezza
ma non è sciocca
se in quello scoppio
la vita sboccia.

Un raggio che sfugge, un bacio che urge

E sento la vita riflessa negli occhi
che hanno le mani
le gambe le braccia
nel petto di altri

E sento la vita a tratti la morte
che spezza mi spiazza
mi spazza la faccia
da poche certezze

Ma sento davvero
o fingo un sentire
confuso che incalza?

È questa la vita
Un raggio che sfugge
un bacio che urge
un niente che resta
nel tanto che passa
il cielo nel mare
a farsi sostanza
la piazza che si apre
chiudendo una stanza
il senso del vuoto
il nodo che allarga
la danza in diaframma
che gonfia e restringe
la pelle e le labbra

E l'anima rossa
nel tempo che andando
su questa mia terra
ancora mi avanza.

Viola Mabilia

Calzini neri

Ho dentro paure antiche
muri e cicatrici
come tutti
come te

E io che cerco solo coerenza
quando credo di non averla
apro crateri

Abbracciali
si chiuderanno
Saranno marciapiedi e cieli stellati
saranno una donna dall'abito rosso
e scarpe troppo strette da portare

Ché niente importa se per proseguire
avrà ai piedi
calzini neri
sorrisi pieni
e lunghe sere
dolci d'estate.

Lorenzo Iacomelli

Figlia del mare

Arruffami i capelli
come il mare contro cieli d'inverno
quando la pelle si scopre nuda
sotto la curva che muove l'onda
e mentre bagna l'anima sciolta
scordo le labbra di questo freddo
che a sé mi tiene

E sono schiuma
vento in subbuglio dentro una valva
lingua di sabbia dove restare
come la barca che sulla riva
canta una nenia
figlia del mare.

Sera d'estate

E se adesso io fossi canzone?
Non spartito ma libero andare
una musica sciolta da note
hai presente una sera d'estate?

Schiene nude, lungomare
aria lieve, bancarelle
suoni, odori, luci gialle
pesce fritto su panchine

Una falce ad incantare
un pontile, un rosso faro
e sul fondo blu cobalto
spruzzi, risa, giochi, sabbia
corpi stretti, fuochi accesi
infiammati di parole

Poi silenzio, solo mare
scie di acqua, vento nuovo
schiuma, fiato sulla pelle
e d'incanto dentro al cielo
lo stupore della neve

Ecco dimmi
hai presente
se così io fossi

(Cosa diresti?)

Primavera

La prima vera cosa
ai bordi dell'inverno
che ho avuto dalla vita
è stata l'esplosione sulla pelle
della primavera

Ero solo un fiore
che sgambettava al sole
dentro una carrozzina
mentre colei che amo
sopra tutte
oltremodo
stendeva i panni a un filo
senza lasciare mai lo sguardo
dalle gotine rosse
amate a grandi morsi
sul mio viso.

Sull' ignoto

Un giorno avrò negli occhi solo l'azzurro
e bianchi schizzi tra gli scogli e il mare
a dirmi cosa c'è oltre la pelle
a darmi nel silenzio
lo spazio tempo
che si dilata
dentro le vene.

Settembre

Amo settembre
dolce imbrunire dall'aria lieve
racconta brezze tra siepi e tetti
offrendo abbracci senza clamore

Settembre è l'oro che non consuma
cadenza il tempo un po' in sordina
ma quanta pace mi riconsegna
nel sussurrare nubi di sole

Settembre arriva sopra le punte
sveglia mattini dai nuovi inizi
e in passi calmi fiorisce il petto

Settembre sai
mi rassomigli.

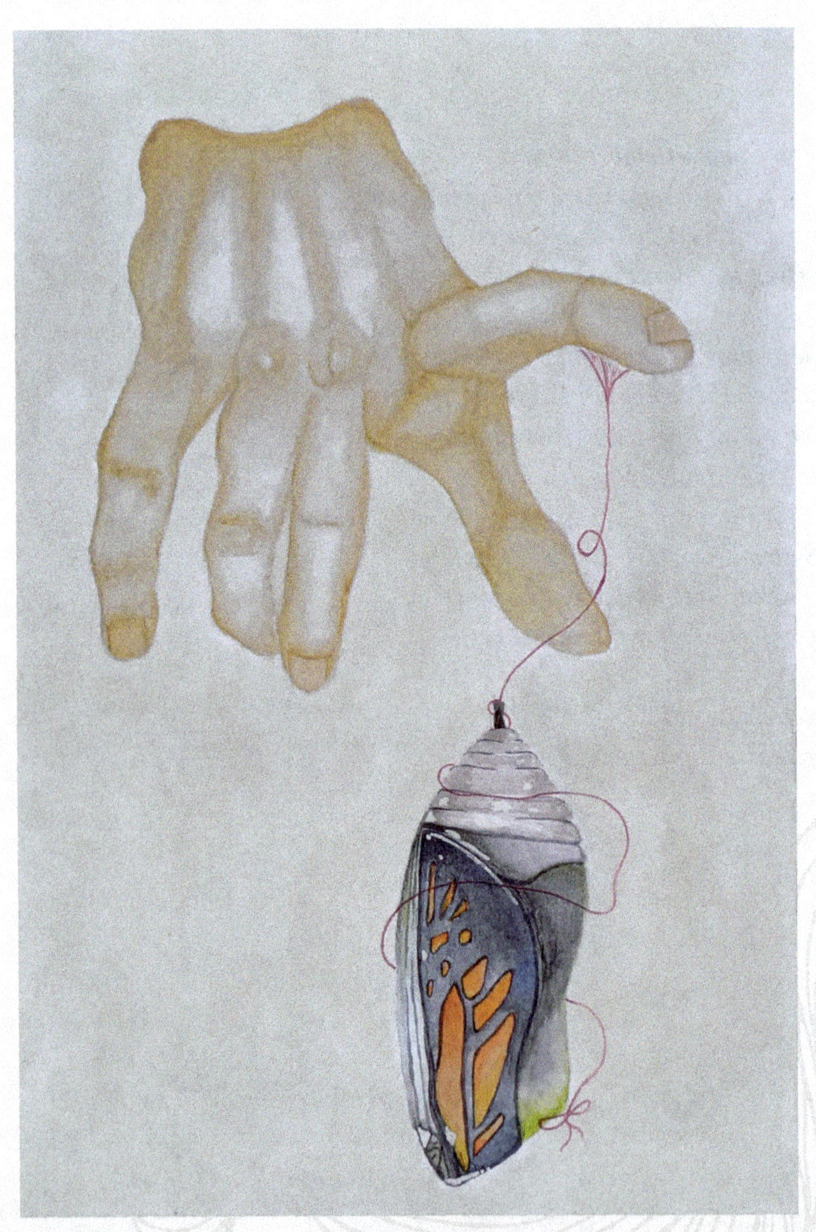

Giulia Gazzoli

Bozzolo

Stringo l'anima sotto la pelle
in questa sera che mi trattiene
involucro di crisalide

C'è troppo frastuono a turbinare
e io non ho petali di rosa
da lasciarsi cullare

Ho un laccio e lo conservo
ché oggi non si allarga e non si tiene
e ogni grammo del mio volere
piega le mani
dentro il bozzolo dell'anima
che non è baco
e non ha ali.

Tommaso Olivi

Falene

Voli falena
come seta di luna
nei meandri taglienti
sbaragliano il niente
di un notturno travaglio

Un istante un frangente
uno strappo fulmineo
vorticoso di ali
a racchiudere il tutto
negli intrecci d'assurdo

E noi flebili anelli
luce immersa nel buio
sfarfalliamo sospesi
consumando la vita.

Ri-na-sce-re

Rinascere non è mestiere semplice
l'inverno non fiorisce in primavera
la neve dalle suole non si scioglie
e il sole ha il raggio scempio di una fine

Ma rinascere ancora è la condanna
quel senso che nascondo nella gola
tra i rivoli che scendono leggeri

E intanto dentro bagna
il sogno di domani
quando era ieri.

Con me

Le sento alle spalle
mi respirano gli occhi
striature di vita
defraudate dagli anni

Le conservo sui palmi
mi punzecchiano i dorsi
mille stridule gocce
ragazzine danzanti

E nei segni che conto
un tesoro di strappi
dove echeggia la trama
dei miei salti

Nello scroscio addolcito
da una donna nel tempo.

Fodere Strette

Le tasche
che pena le tasche
le fodere strette e i lembi cuciti

Le mani richiuse s'annodano buie
nascosta la bocca
in cerca di te.

Vorrei

Voglio essere ansa di fiume
un incedere lento nei passi
il candore di un viso bambino
sopra greto di ciottoli piatti

Voglio essere altura di sera
campanile orgoglioso tra i tetti
un filare di olivi nodosi
nei riflessi di nuove partenze

Voglio essere larga pianura
una balza smerlata che danza
grano pronto ad accendersi d'oro
dentro schizzi di nuvole bianche

Poi spruzzate di zucchero a velo
scorribande feconde di fiori
ali stese su brina di aprile
sopra schiuma mugghiante di stelle

Più ancora vorrei essere un ciuffo
che piegato si sveglia in germoglio
quando solo imperversa novembre

Mai nessuno da lui
se lo aspetta

Ma è vita e la vita
sorprende.

Letizia Silicani

Nubi al Sole

Tra il rumore di uno specchio
e le ombre del silenzio
m'incammino in un'imago
rarefatta da un riflesso
dove baceranno bocche
la mia anima di vetro

Io che resto a inchiodare
incalzanti nubi al sole
sono nuda essenza vera
di assoluti che non ho.

Mare aperto nel porto

Cruda appare
e tratteggia la vita nell'ovale del volto
le paure per mano a sospendermi il sonno
ogni scelta distorta che ho voluto
caparbia

Cruda e dura
dentro l'ultima ruga sul sorriso che ho addosso
implacabile velo dove fiera si staglia
la metà del cammino che mi gira
d'intorno

Dura e vera
come il passo che azzarda sospirando al ritorno
sulla soglia del tempo dove dolce ti trovo
la mia àncora bella

Ora ferma
non ho sconti né resti
solo gli occhi tuoi aperti qui distesi davanti
che di me stanno amando tutto ciò che non scordo

Mezzo secolo dopo
mare aperto nel porto.

Tondo come il Mondo

Curvo
come il giallo frutto chino
inarca il ramo
del limone l'oro appeso
stonda il cielo
nel crepuscolare scendere dell'aria
ovattata da una nube culla rosa

E la sera serpeggiante rasserena
quando marzo
sopra il resto che rimane
di quel pazzo girotondo sulla fine
ha del tempo il pieno abbraccio
così caro
da tenere dentro un cerchio
tutto il mondo che il mio cuore
non comprime.

Cristian Virde

Tra le righe della vita

A volte scrivo
seduta in riva al cuore

Con dita di carta
tratteggio le mie onde

Scivolo sulle maree
respiro tra i fondali
accarezzo le insenature
delle mie sponde

E mentre scrivo
l'anima ascolta

E mentre ascolto
nell'anima mi trovo

Parole fuse in versi
risuonano da dentro
volteggiano nell'aria
invadono il mio corpo

Sulle mie acque vibrano
si intrecciano in silenzio
si inseguono in un canto
mi cercano sul fondo

E altro io non posso
che catturare l'eco
di Lei

soffusa
densa
a dipanare vita

Perché

Da quando mi ha trovata
da quando l'ho scoperta
è Lei la mia compagna
è Lei la mia esigenza

Poesia.

Sommario

Nata a Pietrasanta (Lucca), classe 1973, abita a Forte dei Marmi. Laureata in "Scienze dell'Educazione" all'Università degli Studi di Firenze, ha lavorato come educatrice sia nei servizi di "Educativa domiciliare", sia in ambito scolastico con alunni con disabilità. Nel 2020 ha conseguito la "Specializzazione per le Attività di Sostegno nella Scuola Secondaria di Secondo Grado" all'Università degli Studi di Bergamo. Insegna come docente di sostegno presso l'Istituto di Istruzione Superiore "Don Lazzeri Stagi" di Pietrasanta.

La passione per la poesia è stata una vera folgorazione, divenuta compagna e testimone di ogni intimo moto interiore. Capace di raggiungere chi, leggendo, sente e si sente, perché la poesia esce dall'anima di chi la scrive, ma appartiene a chi in lei si riconosce.

Alcune sue poesie sono presenti in antologie poetiche delle Case editrici Bertoni Editore, Placebook Publishing e Aurea Nox. Con quest'ultima ha pubblicato la sua prima raccolta poetica "Nelle Trame di un Canto".

"Da quando mi ha trovata
da quando l'ho scoperta
è Lei la mia compagna
è Lei la mia esigenza
Poesia."

IL PROGETTO ETICO DI AUREA NOX

AUREA NOX è un progetto etico collettivo nato in rete nel Maggio 2021 da un'idea di Grazia Velvet Capone che ha ideato e realizzato anche tutte le elaborazioni grafiche. Il nostro comune Ispiratore è stato ed è Franco Battiato, musicista e maestro. Le energie creative del gruppo confluiscono nella collana-esperimento evolutivo chiamata AVALON - Terra Sacra: un luogo letterario dove gli autori si confrontano con un tema comune. È nata così l'idea di creare una pubblicazione ritmica, legata alla ruota dell'anno, adatta a tramandare forme-pensiero di profonda e assoluta ricerca evolutiva. Una virtuale unione di intenti.
Un Seme che diventi Quercia.

Di seguito ecco le altre collane editoriali

- BEE BOOK SII UN LIBRO - Collana per bambini
- SEVEN DOORS - Sviluppo spirituale
- BREVIS - Saggi e Racconti brevi
- LYRA - Poesia
- HELOQUENCE - Diari, Romanzi, Manuali
- TRIBAL - Viaggi, Magia, Territori
- AUREA MAGISTRA - Percorsi storici
- DIAMANTI AUREI – Poesia d'elite
- CUORE INDIeGENO – Lingue minori, etnie
- BIOlive - Testimonianze dal vivo

Un sentito ringraziamento al direttivo del Progetto e ai vari gruppi di lavoro dedicati, che hanno profuso le loro preziose energie a beneficio della nostra comunità di Au-tori e di una magnifica Idea Viaggiante

Per contatti, richieste e collaborazioni:
Mail: aureanox@libero.it
Gruppo Facebook Aurea Nox Scrittori – Editori

AUREA NOX

www.ingramcontent.com/pod-product-compliance
Lightning Source LLC
LaVergne TN
LVHW052008160826
845678LV00005B/1684

* 9 7 9 1 2 8 1 6 2 5 2 6 6 *